1784
5 avril
Le marquis de Montmorency Laval

Nion, Paillet   Paris

NOTICE

DES

LIVRES, TABLEAUX,

DESSINS ET ESTAMPES

Qui composent le Cabinet de feu M. le Marquis
DE MONTMORENCY-LAVAL, Maréchal
des Camps & Armées du Roi;

*Dont la Vente se fera les Lundi 5, Mercredi 7, & Jeudi
8 Avril 1784, trois heures & demie de relevée, en
une des Salles de l'Hôtel de Bullion, rue Platriere.*

SE DISTRIBUE

Chez { N Y O N l'ainé, Libraire, rue du Jardinet,
quartier S. André-des-Arcs.

Et PAILLET, Peintre, Hôtel de Bullion.

M. DCC. LXXXIV.

NOTICE

DES

LIVRES, TABLEAUX,
DESSINS ET ESTAMPES

Qui composent le Cabinet de feu M. le Marquis
DE MONTMORENCY-LAVAL, *Maréchal*
des Camps & Armées du Roi.

1 L'ESPRIT des Loix. *Edimbourg* ; 1750, *9* 1
2 *vol. in-8.*

2 Dictionnaire d'Histoire naturelle, par M. Valmont 42
de Bomare. *Paris, 1775, 9 vol. in-8. v. éc.*

3 Histoire naturelle du Cabinet du Roi, par MM. de 240
Buffon & d'Aubenton. *Paris, 1749 & suiv. 23 vol.*
in-4. fig. v. f.

4 Récréations mathématiques, par M. Guyot. *Paris,* 12-5
1769, 4 vol. in-8. fig.

5 Vies des plus fameux Peintres, avec leurs portraits 36
gravés en taille-douce, par M. d'Argenville. *Paris,*
1762, 4 vol. in-8.

6 Extraits des différens Ouvrages publiés sur la vie 5 10
des Peintres. *Paris, 1776, 2 vol. in-8.*

7 Dictionnaire d'Architecture, par Roland de Virloys. 18 1
Paris, 1770, 3 vol. in-4. fig. v. éc.

8 L'anti-Lucrece, par M. le Cardinal de Polignac ; *9*
avec la traduction par de Bougainville. *Paris,*
1747, 3 vol. in-8.

9 Pharsale de Lucain, trad. par M. Marmontel. Par. 1766, 2 vol. in-8. fig. v. éc.

10 Poétique françoise, par M. Marmontel. Paris, 1763, 3 vol. in-8.

11 Parnasse des Dames. Paris, 1773, 9 vol. in-8.

12 Œuvres de Clément, Jean & Michel Marot. La Haye, 1731, 4 vol. in-4.

13 Œuvres de Boileau. Paris, 1713, in-4.

14 Fables de la Fontaine, gravées par Fessard. Par. 1765, 6 vol. in-8. mar. r.

15 Nouvelles de la Fontaine. Paris, 1762, 2 vol. in-8. fig. v. f. d. f. t.

16 Satyres de Regnier. Londres, 1733, avec cadres en rouge. in-4. gr. pap. v. éc.

17 Œuvres de J. B. Rousseau. Bruxelles, 1743, 3 vol. in-4. gr. pap.

18 Les Saisons, par M. de Saint-Lambert. Paris, 1769, in-8.

19 Les Mois, poëme, par M. Roucher. Paris, 1779, 2 vol. in-4. fig.

20 Théâtre de P. Corneille, avec les comment. par Voltaire. Geneve, 1764, 12 vol. in-8. fig.

21 Œuvres de Moliere. Paris, 1734, 6 vol. in-4. gr. pap. fig.

22 Œuvres de Racine, avec les commentaires, par M. Luneau de Boisjermain. Paris, 1768, 7 vol. in-8. fig. pap. d'Holl. v. éc. d. f. t.

23 Œuvres de Destouches. Paris, 1757, 4 vol. in-4.

24 Œuvres de la Chaussée. Paris, 1762, 5 vol. in-12. pap. d'Holl. v. éc. d. f. t.

25 Théâtre de Madame de Genlis, & Annales de la vertu. Paris, 1779, 6 vol. in-8.

26 Théâtre de campagne, par M. Carmontel. Paris, 1775, 4 vol. in-8.

27 La Jérusalem délivrée, trad. par M. le Brun. Par. 1774, 2 vol. in-8. gr. pap. fig.

28 Richardet. Paris, 1766, 2 vol. in-8.

(5)

29 Bibliothèque de campagne. Genève, 1761, 24 vol. in-12. (manq. les tom. I & II.)

30 Amours de Théagenes & Chariclée ; d'Isménie & Isménias. Paris, 1743, 3 vol. in-8. fig. v. f.

31 Contes moraux, par M. Marmontel. Paris, 1765, 4 vol. in-8. v. éc.

32 Aventures de Télémaque, par M. de Fénélon. Amsterd. 1734, in-4. gr. pap. fig. v. f. d. f. t.

33 Décaméron de Bocace. Paris, 1757, 5 vol. in-8. fig. m. vert.

34 Aventures de Gilblas, par le Sage. Amsterd. 1755, 4 vol. in-12. fig. mar. r.

35 Iconologie en italien & en franç. par Boudard. Parme, 1759, 2 vol. in-fol. fig.

36 Œuvres du Philosophe Sans-souci. Paris, 1750, 3 vol. in-8.

37 Œuvres de Voltaire. Genève, 1768, 30 vol. in-4. fig. v. éc. d. f. t.

38 Œuvres de M. Palissot. Liege, 1777, 6 vol. in-8. fig.

39 Œuvres de Saint-Foix. Paris, 1778, 6 vol. in-8. papier d'Holl.

40 Œuvres de Jean-Jacq. Rousseau. Genève, 1782, 24 vol. in-8. br.

41 Voyages de Chardin en Perse & autres lieux de l'Orient. Amst. 1711, 10 vol. in-12. fig.

42 Histoire sacrée en tableaux, par de Brianville, avec les figures de le Clerc. Paris, 1673, 3 vol. in-12. v. f. d. f. tr.

    N. B. On trouve dans cet exemplaire les figures de première & de seconde éditions.

43 Histoire des Juifs, par Prideaux. Paris, 1742, 6 vol. in-12. fig. v. f. d. f. t.

44 République des Hébreux. Amsterdam, 1705, 5 vol. in-8. fig.

45 Vies des hommes illustres de Plutarque, trad. par Dacier. Paris, 1721, 9 vol. in-4. gr. pap. v. f. d. f. t.

46 Histoire de France, par le Président Hénault, avec les desseins par M. Cochin, & les portraits par Odieuvre. *Paris*, 1749, *in-4. gr. pap.*

47 Journal de Henri III, avec les notes, par l'Abbé Lenglet. *Paris*, 1744. ⸗ Journal de Henri IV. *Paris*, 1736, 7 *vol. in-8.*

48 Apologie pour Jehan Chastel. *Paris*, 1610, *in-8.*

49 Sacre de Louis XVI. *Paris*, 1775, *in-8. fig. v. m. d. f. tr.*

50 Uniformes des Troupes de France, dessinées & enluminées. *in-fol. manusc.*

51 Histoire des Royaumes de Chypre, &c. *Leyde*, 1747, 2 *vol. in-4.*

52 Les Incas, par M. Marmontel. *Paris*, 1777, 2 *vol. in-8. fig.*

Lu & approuvé, à Paris, ce 31 Mars 1784.

Signé, FOURNIER, *Adjoint.*

TABLEAUX,
DESSINS ET ESTAMPES.

---

1 DEUX tableaux de forme ovale, par Bartholomé Breemberg, repréſentans des ruines de monumens d'Italie & payſage. Ces deux morceaux de mérite ſont ornés de divers figures ; dans l'un on remarque une fuite en Egypte ; dans l'autre, une femme qui conduit un âne chargé de deux paniers. *Hauteur 10 pouces, largeur 12 pouces. C & B.*

2 Deux tableaux du meilleur tems du Chevalier Breydel ; ils repréſentent des combats de Cavalerie dans de riches payſages. *Haut. 10 pouc. larg. 13 pouc. C.*

3 Deux autres bons tableaux, par le même, repréſentans des ſites & ſujets du même genre. *Hauteur 7 pouc. larg. 10 pouc. B.*

4 Deux tableaux très-fins de touche, par Jean Grief ; ils repréſentent des chiens & différent gibier mort, & l'on remarque dans chacun, une figure d'homme qui caractériſe un retour de chaſſe. *Haut. 12 pouc. larg. 10 pouc. B.*

5 Deux tableaux, par Lucas van Uden ; ils repréſentent des payſages & vues de rivieres, des ſites les plus riches & les plus agréables : chacun eſt orné de diverſes figures, touché avec eſprit. *Haut. 7 pouc. larg. 9 pouc. B.*

6 Un tableau tranſparent de couleur & de la touche la plus ſpirituelle, par David Teniers ; il repréſente un grand rocher & payſage, orné ſur le devant de huit figures de Bohémienes. *Hauteur 15 pouces, larg. 23 pouc. B.*

28 19 7 Un tableau, par le même, pastiche dans la maniere de Paul Veronese, représentant une Dame à sa toilette, tenant un miroir. *Haut.* 19 *pouc. largeur* 17 *pouc. B.*

168 1 8 Un tableau de forme ronde, dans une riche bordure, attribué à Poelemburg; il représente un grand rocher, sous lequel on compte quatre femmes qui se baignent, un satyre & un enfant. *Diametre* 10 *pouc. H.*

36 9 Un paysage touffu d'arbres, au travers lesquels on découvre un clocher, sur le devant, une haye de planches, & trois figures qui causent ensemble. Ce tableau tient de la maniere de Ruisdael. *Haut.* 13 *pouc. larg.* 17 *pouc. B.*

161 10 Un tableau peint avec beaucoup de fermeté, par van Helmon; il représente des paysans, hommes & femmes, occupés à se divertir à la porte de leur chaumiere. *Haut.* 20 *pouc. larg.* 28 *pouc. B.*

246 1 11 Un tableau bien peint & d'un bon effet, par Peeterssneef, représentant l'intérieur d'une Eglise de Flandre, pendant l'heure du service divin; il est orné de diverses figures, facilement touché par Franck. *Haut.* 18 *pouc. long.* 27 *pouc. B.*

31 12 Un tableau d'un bon choix, par Zeman, représentant une vue de mer; on remarque sur le devant plusieurs gens qui semblent attendre l'arrivée d'une frégate. *Haut.* 14 *pouc. larg.* 23 *pouc. T.*

15 13 Un petit tableau, effet de nuit, par Smeeters, représentant un paysage & marine. *Haut.* 5 *pouc. larg.* 7 *pouc. B.*

61 14 Un tableau, par Simon de Vliger, représentant une vue de mer par un gros tems. Ce tableau mérite distinction dans les ouvrages de cet Artiste. *Haut.* 17 *pouc. larg.* 35 *pouc. B.*

93 15 Un tableau représent. l'intérieur de l'atelier d'un Peintre, à la gauche on voit l'Artiste assis devant une table, réfléchissant sur un dessin; une servante est placée à gauche, près d'un chevalet, sur lequel

est un tableau. Ce morceau, dont l'Auteur nous est inconnu, est rendu avec beaucoup de vérité. *Haut.* 20 *pouc. larg.* 22 *pouc. B.*

16 Un petit tableau, vue pendant l'hiver, par Théobalde Michau. Entre autres figures, dont ce joli morceau est orné, on distingue un paysan qui conduit un cochon. *Haut. 6 pouc. larg. 8 pouc. B.*   78

17 Un grand tableau que nous regardons pour être des premiers tems de Ph. Wouvermans ; il représente une campagne, à la gauche duquel est une grande baraque, formée de planches ; & sur le devant, plusieurs figures dans lesquelles on distingue un garçon sur un cheval blanc, qui en tient un autre par la bride. *Haut. 38 pouc. larg. 58 pouc. T.*   260

18 Un beau paysage, largement peint & brillant de couleur, par Vader, avec figures & animaux, par Pierre Bout. *Haut. 24 pouc. larg. 35 pouc. T.*   36

19 Un tableau attribué à Dietricci, dont la gauche est occupée par une grande masse de rochers garnis d'arbres ; à droite, une cascade, & sur le devant, deux figures d'Hermites. *Hauteur 20 pouc. largeur 24 pouces. T.*   92

20 Un sujet d'Histoire, composé d'un grand nombre de figures, dans un paysage qui nous paroît être de Nieulant. *Haut. 18 pouc. larg. 30 pouc. C.*   41

21 La vue d'un fort avancé dans la mer. Ce tableau qui tient à la maniere de Bonaventure Peters, est orné de quelques figures. *Haut. 9 pouces, largeur 15 pouc. B*   17. 19

22 L'intérieur d'une tabagie, où l'on voit un homme appuyé contre un mur, & endormi. Ce morceau tient de la maniere de Braaur. *Haut. 10 pouces, larg. 13 pouc. B.*   26

     La tentation de S. Antoine, d'après D. Teniers. *Hauteur 9 pouces, largeur 6 pouc. B.*   48

23 Un tableau rendu avec une grande vérité & du meilleur ton de couleur, représentant différens usten-   210

siles de cuisine & des légumes. Nous le regardons comme de Guillaume Kalf. *Haut.* 12, *larg.* 18. *B.*

24 Une composition plaisante, par Abraham Teniers, représentant des singes qui boivent & jouent aux cartes. *Haut.* 7 *pouc. larg.* 9 *pouc. C.*

25 Un paysage avec figures de Bacchantes & de Satyres qui cueillent des fruits. *Haut.* 20 *pouces, larg.* 24 *pouc. B.*

Une vue de mer, & figures de pêcheurs dans une barque, genre de Bachuisen. *Haut.* 20 *pouc. larg.* 24 *pouc. T.*

26 Un tableau dans le genre de Teniers, représentant un Chirurgien de village dans son laboratoire, travaillant à la Bouche d'un paysan. *Haut.* 15 *pouc. larg.* 12 *pouc. B.*

27 Un paysage & figure qui tiennent à la maniere d'Armand Ditalie. *Haut.* 12 *pouc. larg.* 15 *pouc. T.*

28 Un tableau de la plus belle touche, par van Artois; il représente un riche paysage, à la gauche duquel passe un chemin, où M. Casanova a placé une paysanne qui conduit une vache, quatre moutons & un chien. *Hauteur* 30 *pouc. larg.* 44 *pouc. T.*

29 Une Kermesse représentée par des singes sous des habillemens de paysans, hommes & femmes. Ce tableau plaisant approche beaucoup de la maniere de Teniers; il est dans une riche bordure à guirlandes & trophées de musique. *Haut.* 13 *pouces, larg.* 17 *pouc. T.*

30 Un sujet du tems de la Ligue, dans une bordure à trophées militaires, faisant le pendant du précédent.

31 Un paysage, chaumiere & figures, par Chutz de Francfort. *Haut.* 14 *pouc. larg.* 18 *pouc. T.*

32 Un portrait d'homme, vêtu de noir, & vu à mi corps, copie d'après Rimbrandt. *Haut* 24 *pouces, larg.* 18. *B.*

33 Un tableau, ruines d'architecture, où l'on voit pour figures des voleurs qui poursuivent deux cavaliers, par Broydel. *Haut 8 pouc. larg. 11. B.*   7

Maîtres Italiens & François.

34 **Deux tableaux, par Locatelli;** l'un représente un vieillard assis & appuyé sur un tonneau, qui présente un verre de liqueur à une jeune paysanne; sur le premier plan, à gauche, est une femme qui tient un enfant, & à droite, une vache & deux moutons. L'autre tableau, composé de cinq figures, aussi dans un paysage, présente un vieillard les jambes nues, qui joue de la mendoline, deux femmes & un homme sur un cheval blanc. *Haut. 26 pouc. larg. 18. T.*   600   1

35 Un tableau de forme ovale en hauteur, par Jac. Stella, représentant l'adoration des Bergers, dans une riche bordure à guirlande & couronne de rose. *Haut. 9 pouc. larg. 7. B.*   247. 19

36 Un paysage champêtre, par J.-B. Pater; on voit sur un terrein élevé un colombier, des fabriques, une pile de bois & trois figures; sur le devant, à droite, un grouppe de figures & animaux. *Haut. 24 pouc. larg. 28. T.*   72

37 Un tableau de forme cintrée du haut, par Tourniere, représentant une jeune femme en chemise, nue à mi-corps, par une croisée; à la gauche, sur le devant, est placé un singe, & à droite un chat. *Haut. 12 pouc. larg. 9. B.*   112

38 Un tableau esquissé, par M. Vien, du sujet de la Marchande d'Amour. *Haut. 7 pouc. larg. 9. T.*   32

39 Deux esquisses, par le même, pour son tableau de Vénus aux bains, & une Nymphe qui arrange une guirlande de fleur à un vase. *Haut. 7 pouces, larg. 5. T.*   44

210

40 Deux tableaux du meilleur choix, par Casanova; ils sont de forme ovale en travers, & représentent différens paysages & animaux; dans l'un on voit une vache blanche couchée; une femme à cheval, qui parle à un berger; dans l'autre, une paysanne qui conduit des bœufs & des moutons dans une rivierre. *Haut. 9 pouc. larg. 12. C.*

36

41 Un autre tableau du même, représentant un militaire à cheval, & en plan coupé, un défilé de cavalerie. *Haut. 10 pouc. larg. 8. B.*

96

42 Une arcade d'architecture, par M. Robert : on remarque sur le devant, un berger poursuivi par un bœuf, & en plan coupé, plusieurs jeunes femmes. *Haut. 9 pouc. larg. 13. B.*

124

43 Deux tableaux très-fins de touche & de couleur, par Theolon; ils représentent des paysages agréables; l'un a l'effet d'un coup de vent, & chacun orné de diverses figures. *Haut. 8 p. larg. 10. B.*

48 . 2

44 Un tableau, par M. de Machy, représentant l'intérieur d'une voûte d'architecture, formant un corps-de-garde, dans lequel sont différentes figures, hommes & femmes. *Haut. 9 pouc. larg. 12. T.*

61 . 19

45 Deux tableaux de forme ronde, par M. Bachelier; l'un représente un lapin blanc, l'autre un petit épagneul. *Diametre 16 pouc.*

152

46 Deux tableaux, par M. Fragonard, représentant différentes figures de femmes, vues à mi, tous deux ébauches d'un bon effet. *Haut. 14 pouces, larg. 12. T.*

100 . 1

47 Un autre tableau du même, plus terminé, représentant une jolie femme, coëffée en cheveux, vue à mi-corps, les épaules découvertes, soutenant des draperies de sa main gauche. *Haut. 17 pouc. larg. 14. T.*

36

48 Un tableau esquissé, forme de frise, par Natier; représentant Vénus, commandant des armes à Vulcain. *Haut. 6 pouc. larg. 4½.*

Un sujet de deux figures prenant une collation dans un jardin ; ce petit tableau nous paroît être de M. Guerin. *Haut.* 5 *pouc. larg.* 6. *l.*

49 Deux tableaux, sujets de jeux d'enfans, imitant le bas-relief, d'après François, par Mad. Coster.

Un autre tableau imitant le bas-relief.

49 *bis.* Un sujet dans le genre des précédens.

50 Deux têtes d'Apôtre, par Lenfranc ; un étude d'un jeune garçon, stile de Rembrand ; la Magdeleine dans un paysage, & quatorze tableaux, étude de têtes, paysages, &c. qui seront divisés lors de la vente.

51 Deux tableaux, sujets chinois, par Natier.

Une Bonne, d'après Porbus, représentant Henri IV en pied.

52 Six tableaux, convenables pour dessus de porte, dont deux de forme ronde : ils seront vendus par pendans.

53 Un autre tableau pour dessus de porte, représentant une guitarre, un télescope, &c.

Six têtes peintes au pastel, sous verre & dans des cadres dorés.

Dessins & Estampes sous verre.

54 Un grand dessin à la plume sur papier blanc, par M. Challe, représentant le triomphe de Bacchus.

55 Deux dessins, paysages, études faites en Italie ; par le même.

56 Deux autres moins grands.

57 Un grand dessin, sujet d'histoire, aussi par M. Challe.

58 Un autre sujet d'un triomphe, *idem.*

59 Deux dessins très-terminés, par Nattier, représentant des portraits en pied dans des paysages ; de deux Dames de France, l'une sous le caractere de Diane, l'autre sous celui de Flore.

60 Le portrait de la feue Reine, deſſiné dans le même genre, auſſi par Nattier.

61 Deux portraits d'hommes, deſſinés à la pierre noire, d'après Vandick.

62 Deux fûts de colonnes en bois; figures d'enfans en plâtre, portant des girandoles.

L'accordée de Village, d'après M. Greuze.

63 Licurgue bleſſé dans une ſédition, d'après M. Cochin, par Demarteau.

64 Quelques deſſins & eſtampes, ou autres objets qui auroient pu être omis.

65 Deux tableaux, repréſentant batailles de Louis XIV.

Les Livres ſeront vendus le Lundi 5 Avril.

Les Tableaux, les Mercredi 7 & Jeudi 8 Avril.

Les Tableaux & Deſſins ſeront expoſés le matin du Mercredi, jour de la Vente, depuis dix heures juſqu'à une heure.

Lu & approuvé, le 1er Avril 1784. Signé, ROBIN.

Vu l'Approbation, permis d'imprimer, ce 2 Avril 1784.
Signé, LE NOIR.